LE HOCKEY

PAUL ROMANUK

2009-2010

SES SUPERVEDETTES

Avec 17 mini-affiches des étoiles
et ton dossier personnel de la saison

Texte français : Gilles Terroux

Éditions
SCHOLASTIC

LES ÉQUIPES

DIVISION ATLANTIQUE

DEVILS
DU NEW JERSEY
Couleurs : rouge, noir et blanc
Aréna : Prudential Center
Mascotte : N.J. Devil
Coupes Stanley : 3

ISLANDERS
DE NEW YORK
Surnom : Isles
Couleurs : orange, bleu, blanc, argent et vert
Aréna : Nassau Veterans Memorial Coliseum
Mascotte : Sparky
Coupes Stanley : 4

RANGERS
DE NEW YORK
Surnom : Blueshirts
Couleurs : bleu, blanc et rouge
Aréna : Madison Square Garden
Coupes Stanley : 4

FLYERS DE
PHILADELPHIE
Couleurs : orange, blanc et noir
Aréna : Wachovia Center
Coupes Stanley : 2

PENGUINS
DE PITTSBURGH
Surnom : Pens
Couleurs : noir, or et blanc
Aréna : Mellon Arena
Mascotte : Iceburgh
Coupes Stanley : 3

DIVISION NORD-EST

BRUINS
DE BOSTON
Surnom : Bs
Couleurs : or, noir et blanc
Aréna : TD Banknorth Garden
Mascotte : Blades
Coupes Stanley : 5

SABRES
DE BUFFALO
Couleurs : noir, blanc, rouge, gris et argent
Aréna : HSBC Arena
Mascotte : Sabretooth

CANADIEN
DE MONTRÉAL
Surnom : Tricolore
Couleurs : bleu, blanc et rouge
Aréna : Centre Bell
Mascotte : Youppi
Coupes Stanley : 24

SÉNATEURS
D'OTTAWA
Surnom : Sens
Couleurs : noir, rouge et or
Aréna : Scotiabank Place
Mascotte : Spartacat
Coupes Stanley : 7
(équipe d'avant 1934)

MAPLE LEAFS
DE TORONTO
Surnom : Leafs
Couleurs : bleu et blanc
Aréna : Air Canada Centre
Mascotte : Carlton
Coupes Stanley : 11

DIVISION SUD-EST

THRASHERS
D'ATLANTA
Couleurs : bleu marine, bleu ciel, orange, or et rouge
Aréna : Philips Arena
Mascotte : Thrash

HURRICANES
DE LA CAROLINE
Surnom : Canes
Couleurs : rouge, noir et blanc
Aréna : RBC Center
Mascotte : Stormy
Coupe Stanley : 1

PANTHERS
DE LA FLORIDE
Surnom : Cats
Couleurs : rouge, bleu marine, jaune et or
Aréna : Bank Atlantic Center
Mascotte : Stanley C. Panther

LIGHTNING DE
TAMPA BAY
Surnom : Bolts
Couleurs : bleu, noir, argent et blanc
Aréna : St. Pete Times Forum
Mascotte : ThunderBug
Coupe Stanley : 1

CAPITALS DE
WASHINGTON
Surnom : Caps
Couleurs : bleu, noir, or et blanc
Aréna : Verizon Center
Mascotte : Slapshot

DIVISION CENTRE

BLACKHAWKS DE CHICAGO
Surnom : Hawks
Couleurs : rouge, noir et blanc
Aréna : United Center
Mascotte : Tommy Hawk
Coupes Stanley : 3

BLUE JACKETS DE COLUMBUS
Surnom : Jackets
Couleurs : bleu, rouge et vert
Aréna : Nationwide Arena
Mascotte : Stinger

RED WINGS DE DETROIT
Surnom : Wings
Couleurs : rouge et blanc
Aréna : Joe Louis Arena
Mascotte (officieuse) : Al la pieuvre
Coupes Stanley : 11

PREDATORS DE NASHVILLE
Surnom : Preds
Couleurs : bleu marine, argent, blanc et or
Aréna : Sommet Center
Mascotte : Gnash

BLUES DE ST. LOUIS
Couleurs : blanc, bleu marine et or
Aréna : Scottrade Center

DIVISION NORD-OUEST

FLAMES DE CALGARY
Couleurs : rouge, or, noir et blanc
Aréna : Pengrowth Saddledome
Mascotte : Harvey
Coupe Stanley : 1

AVALANCHE DU COLORADO
Surnom : Avs
Couleurs : bourgogne, argent, noir et bleu
Aréna : Pepsi Center
Coupes Stanley : 2

OILERS D'EDMONTON
Couleurs : blanc, bleu marine, orange et rouge
Aréna : Rexall Place
Coupes Stanley : 5

WILD DU MINNESOTA
Couleurs : rouge, vert, or et blé
Aréna : Xcel Energy Center

CANUCKS DE VANCOUVER
Couleurs : bleu, argent, rouge et blanc
Aréna : General Motors Place
Mascotte : Fin

DIVISION PACIFIQUE

MIGHTY DUCKS D'ANAHEIM
Surnom : Ducks
Couleurs : mauve, vert, argent et blanc
Aréna : Honda Center
Mascotte : Wild Wing
Coupe Stanley : 1

KINGS DE LOS ANGELES
Couleurs : violet, blanc, noir et argent
Aréna : Staples Center

STARS DE DALLAS
Couleurs : vert, blanc, noir et or
Aréna : American Airlines Center
Coupe Stanley : 1

COYOTES DE PHOENIX
Couleurs : rouge, vert, sable, terre de Sienne et violet
Aréna : Jobing.com Arena
Mascotte : Howler

SHARKS DE SAN JOSE
Couleurs : bleu sarcelle, gris, orange et noir
Aréna : HP Pavilion
Mascotte : S.J. Sharkie

TON ÉQUIPE PRÉFÉRÉE

Ton équipe préférée : _____

Association et division : _____

Joueurs de ton équipe préférée au début de la saison

Numéro	Nom	Position
_____	_____	_____
_____	_____	_____
_____	_____	_____
_____	_____	_____
_____	_____	_____
_____	_____	_____
_____	_____	_____
_____	_____	_____
_____	_____	_____
_____	_____	_____
_____	_____	_____
_____	_____	_____
_____	_____	_____
_____	_____	_____
_____	_____	_____
_____	_____	_____
_____	_____	_____
_____	_____	_____
_____	_____	_____
_____	_____	_____
_____	_____	_____
_____	_____	_____
_____	_____	_____
_____	_____	_____

Changements, échanges, nouveaux joueurs

_____   _____   _____
_____   _____   _____
_____   _____   _____
_____   _____   _____
_____   _____   _____
_____   _____   _____
_____   _____   _____
_____   _____   _____

Classement final

Écris le nom de l'équipe qui, d'après toi, remportera le championnat dans chacune des six divisions.

ASSOCIATION DE L'EST

DIVISION ATLANTIQUE
DIVISION NORD-EST
DIVISION SUD-EST

_____

_____

_____

DIVISION CENTRE
DIVISION NORD-OUEST
DIVISION PACIFIQUE

ASSOCIATION DE L'OUEST

_____

_____

_____

Les éliminatoires

Choisis les deux équipes qui s'affronteront lors de la finale de la Coupe Stanley, puis encercle le nom de celle qui, d'après toi, remportera la victoire.

Champions de l'Association de l'Est : _____

Champions de l'Association de l'Ouest : _____

TON ÉQUIPE PRÉFÉRÉE

Les progrès de ton équipe pendant la saison

Le classement des équipes est indiqué dans la section des sports du journal. Tu peux y apprendre quelle équipe est en première place, en deuxième place, et ainsi de suite, jusqu'à la dernière place.

Certaines abréviations sont utilisées couramment : MJ pour matchs joués, MG pour matchs gagnés, MP pour matchs perdus, P pour prolongation, PTS pour points, A pour aides et B pour buts.

Vérifie le classement le même jour de chaque mois et note les résultats de ton équipe. Tu seras alors en mesure de suivre ses progrès.

	MJ	MG	MP	P	PTS
1er NOVEMBRE					
1er DÉCEMBRE					
1er JANVIER					
1er FÉVRIER					
1er MARS					
1er AVRIL					
1er MAI					

Classement final

Inscris ici les résultats de ton équipe à la fin de la saison.

NOM DE TON ÉQUIPE	MJ	MG	MP	P	PTS

La fiche de tes joueurs préférés

Tout en suivant les progrès de ton équipe préférée, tu peux aussi remplir une fiche sur tes joueurs favoris. Tu n'as qu'à indiquer, au début de chaque mois, le total des points qu'ils ont obtenus.

Joueur	1er nov.	1er déc.	1er janv.	1er févr.	1er mars	1er avril	1er mai

La fiche de ton gardien de but préféré

Tu peux noter ici la moyenne de ton gardien de but préféré. MBA est l'abréviation de « moyenne de buts accordés », ce qui veut dire la moyenne de buts marqués contre un gardien au cours de la saison.

Gardien	1er nov.	1er déc.	1er janv.	1er févr.	1er mars	1er avril	1er mai

Niklas Backstrom a toujours rêvé de devenir joueur de hockey. Il répétait souvent à ses enseignants qu'il évoluerait un jour dans la LNH. « Je n'ai jamais songé à faire autre chose », dit-il, en souriant.

Mais Niklas a bien failli faire une croix sur son rêve.

« Il n'a pas été facile d'atteindre mon but, dit-il. Au début de la vingtaine, mon rêve semblait irréalisable. Puis j'ai connu quelques bonnes saisons en Finlande et je me suis remis à croire que tout était encore possible. »

Niklas a grandi en Finlande et a fait son apprentissage dans l'une des équipes locales, le HFK d'Helsinki. Finalement, il a joint les rangs de l'une des meilleures équipes de la ligue de la Finlande, le Karpat Oulu. L'entraîneur des gardiens de but de l'équipe lui a conseillé d'adopter le style papillon plutôt que le style « debout ».

> « À un certain moment pendant ma première saison, j'ai simplement décidé de sauter sur la patinoire et de m'amuser. Tu ne sais jamais si tu auras une autre chance de jouer dans cette ligue. »

Niklas a fait d'immenses progrès et a mené son équipe au championnat en 2004 et 2005. En 2005-2006, il a connu une saison de 32 victoires en 51 matchs. Il a attiré l'attention de Doug Risebrough, directeur gérant à l'époque, du Wild du Minnesota qui lui a offert un contrat d'un an.

« Si j'avais su ce que je sais aujourd'hui, je lui aurais fait signer un contrat plus long », se rappelle Risebrough.

Lors de sa première saison, Niklas a disputé 41 matchs. Il a compilé un dossier de 23-8-6 et maintenu un pourcentage de buts alloués de 1,97, un sommet dans la ligue. Niklas et Manny Fernandez ont alors partagé les honneurs du trophée William Jennings (meilleure moyenne de buts alloués par une équipe en saison régulière). À la fin de sa première saison, Niklas n'était pas devenu seulement le gardien régulier du Wild, mais aussi l'un des meilleurs gardiens de but de toute la LNH. Il avait enfin réalisé son rêve de jeunesse.

SOUVENIR

En 2003-2004 avec le Karpat Oulu, en Finlande, Niklas a été proclamé gardien de l'année de la Ligue SM-liiga, puis joueur par excellence des séries éliminatoires.

LE SAVAIS-TU?

Les talents de gardien de but semblent se transmettre de génération en génération chez les Backstrom. En effet, le grand-père de Niklas a joué pendant plusieurs années dans la ligue professionnelle de Finlande et son père a été gardien de but d'une équipe junior.

STATISTIQUES 2008-2009

MJ	MG	MP	DPF	MBA	BL
71	37	24	8	2,33	8

A signé un contrat avec le Wild du Minnesota à titre de joueur autonome, le 1er juin 2006

Première équipe de la LNH et saison : Wild du Minnesota, 2006-2007

Né le 13 février 1978 à Helsinki (Finlande)

Position : gardien de but

Attrape : de la gauche

Taille : 1,85 m

Poids : 89 kg

Dan Boyle

Tout n'a pas toujours été facile pour Dan Boyle. Même s'il a connu une brillante carrière à Miami of Ohio University (à sa dernière saison, il était parmi les finalistes pour le trophée Hobey Baker, remis au meilleur hockeyeur universitaire américain), il n'a jamais été réclamé au repêchage amateur. Les recruteurs le trouvaient trop petit pour devenir un défenseur dans la LNH. Mais Dan n'a jamais laissé sa taille lui nuire. « Si la rondelle est projetée dans le coin de la patinoire, peu importe si je suis confronté à un gars de 2 m et de 113 kg, je vais trouver une façon de m'en emparer. »

> « J'aborde chaque présence sur la patinoire comme si c'était ma dernière. J'essaie simplement de provoquer des choses et d'aider l'équipe à remporter des matchs. »

À titre de joueur autonome, Dan s'est entendu avec les Panthers de la Floride en 1998 et il a passé la majeure partie des deux saisons suivantes dans les ligues mineures. Il a trouvé ça difficile par moments, mais ne s'est pas laissé décourager. « Tu dois te ressaisir et croire en toi », dit-il.

En 2002, les Panthers ont échangé Dan à Tampa Bay. Deux saisons plus tard, il réalisait son grand rêve, celui de soulever la Coupe Stanley. Toutefois, en 2007, une blessure à un poignet l'a limité à seulement 37 matchs. Puis, à sa grande surprise, Tampa Bay l'a échangé aux Sharks de San Jose. La décision s'est avérée profitable autant pour Dan que pour les Sharks. La saison dernière, Dan a été le meilleur pointeur parmi les défenseurs des Sharks avec 16 buts et 41 aides pour 57 points.

« Il est de ces rares joueurs qui semblent faire sortir le meilleur de chacun sur la glace », affirme le coéquipier de Dan à la défense, Brad Lukowich.

Le commentaire de Lukowich est tout en l'honneur de Dan qui a travaillé pendant des années à toujours tenter de s'améliorer. Il est maintenant en mesure d'aider les autres à donner le meilleur d'eux-mêmes. Qui a dit qu'il était trop petit pour jouer à la défense dans la LNH?

SOUVENIR

Le moment le plus mémorable de Dan a naturellement été la conquête de la Coupe Stanley du Lightning en 2004. « Je veux simplement savourer ce moment le plus longtemps possible », a dit Dan après la victoire.

LE SAVAIS-TU?

À Tampa Bay, Dan a animé une émission de radio, Boyle's Blue Line (La ligne bleue de Boyle), l'une des émissions les plus écoutées de la station. « L'idée de l'émission est venue du fait que j'étais en quelque sorte l'animateur du vestiaire de l'équipe. »

STATISTIQUES 2008-2009

MJ	B	A	PTS	PUN
77	16	41	57	52

A signé un contrat avec les Panthers de la Floride à titre de joueur
autonome le 30 mars 1998

Première équipe de la LNH et saison : Panthers de la Floride, 1998-1999

Né le 12 juillet 1976 à Ottawa (Ontario)

Position : défenseur

Tir : de la droite

Taille : 1,80 m

Poids : 86 kg

MARTIN BRODEUR

La réalité dépasse parfois la fiction. L'histoire de Martin Brodeur en témoigne. L'an dernier, Martin a raté 50 matchs en raison d'une blessure à un coude au moment où il s'apprêtait à égaler la marque du plus grand nombre de victoires en carrière détenue par Patrick Roy. En mars, huit matchs seulement après son retour au jeu, Martin a égalé le record de 551 victoires à Montréal, sa ville natale, et en présence de dizaines d'amis et membres de sa famille. Quelques jours plus tard, au New Jersey, il a établi la nouvelle marque, le jour de la Saint-Patrick.

« Martin est la référence en matière de gardien de but, a dit le commissaire de la LNH, Gary Bettman, lorsque Martin s'est inscrit au livre des records. Il fait preuve de régularité et d'engagement envers son art. Il est avant tout un champion et un gagnant. »

« La victoire fait foi de tout. J'ai eu la chance de faire partie de grandes équipes et cela restera associé à mon nom pour le restant de mes jours. »

Au fil des ans, Martin a peaufiné une belle feuille de route. Il a remporté plus de victoires que tout autre gardien de but de la LNH – plus que Patrick Roy, plus que Terry Sawchuk, plus que Jacques Plante – tous des légendes du sport.

« Un athlète est loin de s'imaginer qu'il sera en mesure d'établir une telle marque, a commenté Martin. Détenir la marque du plus grand nombre de victoires est assurément le summum de toutes mes réalisations. Je n'ai jamais cru la chose possible, mais plus je m'approchais du but, plus je savais que j'y parviendrais. »

La carrière de Martin est loin d'être finie. À 37 ans, il entreprend sa 16e saison dans la LNH. Il rêve d'une quatrième Coupe Stanley et d'une seconde médaille d'or olympique. Sous contrat avec les Devils jusqu'à la fin de la saison 2011-2012, Martin Brodeur a encore bien assez de temps pour écrire d'autres pages de l'une des plus grandes histoires du hockey.

SOUVENIR

En 1995, à l'âge de 23 ans, Martin a remporté sa première Coupe Stanley. Il qualifie de « probablement la plus belle minute de ma vie » les derniers instants du match décisif contre les Red Wings de Detroit.

LE SAVAIS-TU?

Martin et son père, Denis, lui aussi un ancien gardien de but, sont le seul duo père et fils à avoir remporté des médailles aux Jeux olympiques d'hiver.

STATISTIQUES 2008-2009

MJ	MG	MP	DPF	MBA	BL
31	19	9	3	2,41	5

Premier choix des Devils du New Jersey, 20e au total, au repêchage amateur de la LNH de 1990

Première équipe de la LNH et saison : Devils du New Jersey, 1993-1994

Né le 6 mai 1972 à Montréal (Québec)

Position : gardien de but

Attrape : de la gauche

Taille : 1,88 m

Poids : 98 kg

JEFF CARTER

Jeff Carter a toujours cru qu'il deviendrait un marqueur prolifique dans la LNH, mais il lui a fallu quelques saisons avant d'y parvenir. Il a connu sa meilleure saison l'an dernier lorsqu'il s'est retrouvé nez à nez avec Alex Ovechkin pour le championnat des marqueurs et a terminé la saison avec 46 buts.

« J'ai toujours su que je pouvais marquer des buts, dit Jeff. Cette année, je crois que j'ai simplement commencé à jouer avec plus d'assurance dès le début de la saison. »

Une autre chose qu'il a faite plus souvent et qui semble très simple, c'est de tirer au but.

« Dans ma jeunesse, mon père me répétait sans cesse : "Tu ne peux pas marquer si tu ne lances pas au filet." J'essaie donc de diriger un tir chaque fois que j'en ai l'occasion », explique-t-il.

« Lorsqu'il s'empare de la rondelle, les gens sont rivés à leur siège parce que quelque chose de spécial va se produire. »
— Paul Holmgren, directeur gérant des Flyers

Les Flyers n'avaient pas eu un tireur de premier plan dans leurs rangs depuis fort longtemps. Reggie Leach a été le dernier joueur des Flyers, en 1975-1976, à mener le circuit pour les buts, avec 61 buts. Jeff Carter est encore loin des statistiques de Reggie Leach, mais il possède les outils nécessaires pour y parvenir. Son principal atout est la puissance de son tir. Il dégaine tellement vite que le gardien peut difficilement juger de la trajectoire de la rondelle.

« Son tir est le plus lourd que j'ai vu de ma vie, affirme le gardien des Flyers, Antero Niittymaki. Il utilise un bâton plus long que les autres, il est très robuste et son tir est très difficile à affronter. »

Jeff a également pris du poids et il est maintenant bien plus fort physiquement qu'à ses débuts dans la ligue. Cela lui permet de foncer vers le filet et de contrer les défenseurs adverses. À l'aube de sa cinquième saison, il se situe parmi les meilleurs marqueurs de la LNH — là où il a toujours cru pouvoir se retrouver.

SOUVENIR

Avant son début dans la LNH, Jeff avait déjà remporté deux médailles d'or aux Mondiaux juniors et un championnat de la Ligue américaine avec les Phantoms de Philadelphie.

LE SAVAIS-TU?

Vers la fin de la saison 2007-2008, au moment où le contrat de la LNH de Jeff tirait à sa fin, les Flyers ont failli l'échanger aux Canucks de Vancouver en retour de Ryan Kesler ou aux Maple Leafs de Toronto pour Tomas Kaberle.

STATISTIQUES 2008-2009

MJ	B	A	PTS	PUN
82	46	38	84	68

Premier choix des Flyers de Philadelphie, 11e au total, au repêchage amateur de la LNH de 2003

Première équipe de la LNH et saison : Flyers de Philadelphie, 2005-2006

Né le 1er janvier 1985 à London (Ontario)

Position : joueur de centre

Tir : de la droite

Taille : 1,90 m

Poids : 91 kg

SIDNEY CROSBY

Au début de la saison dernière, peu de gens auraient prédit que la grande vedette offensive des Penguins de Pittsburgh allait être Evgeni Malkin plutôt que Sidney Crosby. Sidney est loin d'avoir connu une mauvaise saison. Son total de 103 points fait l'envie de la plupart des joueurs de la LNH. Mais tout au long de la saison, Sidney a eu de la difficulté à trouver des ailiers dont le jeu se mariait bien au sien, à l'exception de Malkin. Dès le début de la saison, l'entraîneur Michel Therrien a fait face à un dilemme : faire jouer ses deux meilleurs joueurs au sein du même trio ou les séparer. Il les a séparés, espérant compter sur deux bonnes lignes d'attaque plutôt qu'une seule.

> **« Il ne fait aucun doute que si vous ne faites pas du bon travail sur la patinoire, les gars ne vous suivront pas. »**

Si Malkin s'est aussitôt senti à l'aise aux côtés de Petr Sykora, Sidney a dû s'adapter aux différentes combinaisons imaginées par Therrien (et plus tard, par l'entraîneur par intérim Dan Bylsma). Avec la classe qui le caractérise, Sidney a évité le plus possible la controverse.

« Ce n'est pas à moi de décider avec qui je veux jouer ou ne pas jouer, a-t-il dit un jour aux journalistes après une séance d'entraînement. Mon travail consiste à provoquer des choses sur la glace et je dois essayer de m'acquitter de ma tâche indépendamment des circonstances. »

Il sera intéressant de voir Sidney et les Penguins, cette saison, défendre la Coupe. L'entraîneur décidera-t-il de réunir Sidney et Malkin encore une fois? S'il décidait de les utiliser dans des trios différents, un autre ailier parviendrait-il à recréer l'alchimie qui existait il y a quelques saisons entre Sidney et Malkin? Peu importe ce qui adviendra, les partisans des Penguins souhaitent voir Sydney marquer d'autres points et bien sûr remporter une autre Coupe Stanley.

SOUVENIR

Recevoir sa première Coupe Stanley a été exactement comme Sydney l'avait imaginé. « C'est la réalisation d'un grand rêve. C'est tout ce que vous pouvez imaginer et plus encore. »

LE SAVAIS-TU?

Sydney Crosby est le plus jeune joueur de l'histoire de la LNH à atteindre les plateaux de 100 et 200 points en carrière. Il est aussi devenu le plus jeune capitaine de l'histoire de la LNH à recevoir la Coupe Stanley, en juin dernier.

STATISTIQUES 2008-2009

MJ	B	A	PTS	PUN
77	33	70	103	76

Premier choix des Penguins de Pittsburgh, 1er au total au repêchage amateur de la LNH de 2005

Première équipe de la LNH et saison : Penguins de Pittsburgh, 2005-2006

Né le 7 août 1987 à Cole Harbour (Nouvelle-Écosse)

Position : joueur de centre

Tir : de la gauche

Taille : 1,80 m

Poids : 91 kg

JAROME IGINLA

Le 1er mars 2009, 19 000 fans entassés à l'intérieur du Pengrowth Saddledome de Calgary se sont levés d'un bloc pour applaudir Jarome Iginla qui les saluait. Jarome venait de devenir le meilleur pointeur de l'histoire des Flames de Calgary, surpassant l'ancienne marque de 830 points en carrière de Theoren Fleury. Le même soir, il a aussi inscrit le 400e but de sa carrière dans la LNH et récolté cinq points.

« Au début, tu souhaites simplement montrer que tu peux te débrouiller dans la ligue, a commenté Jarome après ce match. Tu ne penses pas à des soirées comme celle-ci. »

« Le mot RÉGULARITÉ est celui qui décrit le mieux Jarome Iginla. Il offre sa pleine mesure à chaque match. Très peu de joueurs peuvent en dire autant. » — Brian Burke, directeur gérant des Maple Leafs de Toronto

---

Il était inévitable que Jarome devienne un jour le meilleur pointeur de l'équipe. Il évolue avec les Flames depuis le début de sa carrière et n'a jamais disputé moins de 70 matchs en une saison. À une époque où la plupart des joueurs s'attendent à porter les couleurs de trois ou quatre équipes pendant leur carrière, Jarome s'apprête à endosser, pour une 13e saison, le chandail rouge, blanc et or.

Jarome a démontré depuis longtemps qu'il pouvait jouer. Il a remporté le championnat des buteurs, celui des marqueurs et le trophée Lester B. Pearson (joueur jugé le plus utile à son équipe par ses pairs). Il ne lui manque qu'une chose : la Coupe Stanley.

La Coupe Stanley semble toujours échapper aux Flames. La saison dernière, ils ont été éliminés dès le premier tour des séries par les Blackhawks de Chicago. Ces derniers sont même parvenus à tenir Jarome en échec dans quatre des six matchs. Mais les partisans des Flames gardent espoir. Ils ont conservé d'agréables souvenirs de leur conquête de la Coupe Stanley de 1989 et de la participation des Flames en finale de 2004. Avec des supervedettes comme Miikka Kiprusoff et Jarome Iginla, tous les espoirs sont permis.

SOUVENIR

Toujours en attente de la conquête de la Coupe Stanley, Jarome a plusieurs fois représenté le Canada avec succès. Il a remporté les Mondiaux juniors (1996), le Championnat mondial de hockey (1997), la médaille d'or olympique (2002) et la Coupe du monde du hockey (2004).

LE SAVAIS-TU?

À l'instar de plusieurs joueurs de la LNH, Jarome contribue à la levée de fonds d'œuvres caritatives. Pour chaque but qu'il marque, il verse 2 000 dollars à l'organisme KidSport. En deux ans, il a versé un total de 170 000 dollars.

STATISTIQUES 2008-2009

MJ	B	A	PTS	PUN
82	35	54	89	37

Premier choix des Stars de Dallas, 11e au total, au repêchage amateur de la LNH de 1995

Première équipe de la LNH et saison : Flames de Calgary, 1995-1996

Né le 1er juillet 1977 à Edmonton (Alberta)

Position : ailier droit

Tir : de la droite

Taille : 1,85 m

Poids : 94 kg

Miikka Kiprusoff n'a peut-être pas atteint les 50 victoires la saison dernière, mais il a rendu les choses intéressantes avant d'établir une marque d'équipe en bouclant la saison avec 45 victoires.

« Cinquante est dans le domaine du possible, a fait remarquer l'entraîneur des Flames, Mike Keenan, vers le milieu de la dernière saison. Il fut un temps où une saison de 50 buts paraissait impossible, mais les standards ont changé. »

Aucun gardien de but de la LNH n'a jamais connu une saison de 50 victoires, un plateau qui semble hors de portée, année après année. Le grand Martin Brodeur – qui a signé presque tous les exploits possibles d'un gardien de but de la LNH – est venu bien près en 2006-2007, en remportant 48 victoires.

> « Il n'y a aucun doute qu'être gardien de but exige d'excellentes habiletés physiques, mais je pense que cela est encore plus exigeant sur le plan de la concentration mentale. »
> — Mike Keenan, entraîneur-chef des Flames

La saison dernière, Kiprusoff a encore connu un début de saison ordinaire, mais à la fin de janvier, les 50 victoires paraissaient à sa portée. Il a gagné son 34e match de la saison, le 19 février, puis a ajouté cinq autres victoires à ses cinq départs suivants. Sa 40e victoire est survenue le 12 mars et à un mois de la fin de la saison, le record, bien que toujours possible, paraissait difficile à

réaliser. Interrogé à ce sujet, Miikka a préféré insister sur le jeu de l'équipe.

« Tu risques de devenir fou si tu penses trop à de telles choses, a-t-il dit aux journalistes. C'est un sport d'équipe et la victoire passe avant tout. Bien sûr, une fois la saison terminée, tu peux analyser tes statistiques personnelles, mais pour l'instant, c'est l'équipe qui compte. »

Miikka n'a remporté que cinq autres rencontres à ses 13 derniers départs. Certains ont parlé de fatigue – il a disputé 76 matchs et reçu plus de 2 100 tirs – mais son total de 45 victoires a néanmoins été un sommet dans la LNH la saison dernière. Et vous pouvez compter sur lui pour se lancer à la poursuite des 50 victoires lors de la prochaine saison.

SOUVENIR

La saison 2003-2004 demeure gravée dans la mémoire de Miikka. Il a remporté le trophée Vézina et a ensuite aidé les Flames à atteindre la finale de la Coupe Stanley. Tampa Bay les a éliminés en sept matchs, mais Miikka a été spectaculaire : il a participé à 26 matchs éliminatoires et reçu 5 blanchissages.

LE SAVAIS-TU?

Le frère aîné de Miikka, Marko, a joué brièvement pendant deux saisons avec le Canadien de Montréal et les Islanders de New York.

STATISTIQUES 2008-2009

MJ	MG	MP	DPF	MBA	BL
76	45	24	5	2,84	4

Cinquième choix des Sharks de San Jose, 116e au total, au repêchage amateur de la LNH de 1995

Première équipe de la LNH et saison : Sharks de San Jose, 2000-2001

Né le 26 octobre 1976 à Turku (Finlande)

Position : gardien de but

Attrape : de la gauche

Taille : 1,85 m

Poids : 83 kg

ALEX KOVALEV

Les choses n'ont pas toujours été au beau fixe depuis le début de la carrière d'Alex Kovalev. Il lui est déjà arrivé d'être en désaccord avec des entraîneurs qui voulaient lui imposer un style qui ne lui convenait pas. Il a dû surmonter des passages à vide et se rétablir de blessures. Mais en bout de ligne, Alex a connu une carrière fructueuse. Il évolue chez les professionnels depuis l'âge de 16 ans et dans la LNH depuis 1992.

Plusieurs ont prédit le déclin de la supervedette russe après la saison 2006-2007 au cours de laquelle il n'a marqué que 18 buts et amassé 29 aides. Cependant, la saison suivante, Alex est revenu en force et a connu sa meilleure saison depuis celle de 2001 avec Pittsburgh. Il a été le meilleur marqueur du Canadien avec 35 buts et 49 aides pour 84 points. Puis, l'an dernier, Alex et le reste de l'équipe ont éprouvé des difficultés. Plus que quiconque, Alex a cherché à trouver des solutions.

« Je n'ai jamais vu un meilleur manieur de bâton. Quelles mains habiles! Il est un bien meilleur manieur de bâton que moi. Il a le talent pour devenir le meilleur joueur au monde. »
— Son ancien coéquipier, le légendaire Mario Lemieux

« Je me sentais tellement bien en début de saison que j'ai décidé d'en faire un peu plus, affirme Alex. Mais je me suis rendu compte qu'il ne servait à rien d'essayer de tout faire seul; qu'il fallait me fier davantage à mes coéquipiers. »

La chance n'a pas toujours été de son côté. Même son entraîneur de l'époque, Guy Carbonneau (congédié en mars) a remarqué qu'il « créait de bonnes occasions de marquer, mais que la rondelle trouvait le moyen de frapper le poteau des buts ou de ricocher contre un défenseur. »

Comme il l'a fait maintes fois au cours de sa carrière, Alex n'a pas baissé les bras. Même s'il n'a pas connu autant de succès qu'en 2007-2008, il a été l'un des meilleurs joueurs de son équipe avec 26 buts et 39 aides pour 65 points. Si le passé est garant de l'avenir, Alex devrait revenir en force cette saison. Il n'a jamais été du genre à abdiquer dans les durs moments. C'est ce qui fait de lui une supervedette.

SOUVENIR

Alex a pleinement apprécié sa première participation au match des étoiles de la LNH en 2001. « J'étais réellement excité. J'ai photographié tout le monde autour de moi. »

LE SAVAIS-TU?

Alex détient son brevet de pilote d'avion. Il compte plus de 1 000 heures de vol et a piloté plus d'une douzaine d'appareils différents, y compris des hélicoptères.

STATISTIQUES 2008-2009

MJ	B	A	PTS	PUN
82	35	78	113	80

Premier choix des Penguins de Pittsburgh, 2e au total, au repêchage amateur de la LNH de 2004

Première équipe de la LNH et saison : Penguins de Pittsburgh, 2006-2007

Né le 31 juillet 1986 à Magnitogorsk (Russie)

Position : joueur de centre

Tir : de la gauche

Taille : 1,90 m

Poids : 88 kg

ZACH PARISE

Zach Parise sait fort bien que ses buts ne se retrouvent pas dans les séquences des jeux de la semaine – le genre de buts dignes d'un Sidney Crosby qui déjoue un adversaire avec une feinte, bat de vitesse deux autres joueurs, fait déplacer le gardien de but et loge la rondelle dans le coin supérieur du filet. Ces buts spectaculaires contrastent avec les buts plus sobres de Zach.

« Mes buts ne sont pas fracassants, ils sont surtout le résultat d'un travail acharné, fait remarquer Zach. J'aime bien aller dans les coins de la patinoire et batailler pour la rondelle. Mes buts ressemblent à ceux d'autrefois. »

« Zach est très doué. Non seulement est-il un joueur très compétitif, mais il possède aussi tous les atouts nécessaires. »
— Brent Sutter, entraîneur-chef des Devils du New Jersey

L'ardeur au jeu n'est pas l'unique qualité de Zach. Depuis le début de sa carrière, il a su tirer profit de son habileté naturelle. Il sait flairer une ouverture, accepter une passe d'un coéquipier et créer une occasion de marquer. Il possède aussi un bon tir et maîtrise l'art de capter et de faire une passe. Il a une bonne vision du jeu. Zach s'inspire d'ailleurs de la devise de Wayne Gretzky : « Dirige-toi à l'endroit où la rondelle va se retrouver. »

Zach s'est fait un nom sans brusquer les choses. À sa première saison, il est resté dans l'ombre et s'est contenté d'observer ses coéquipiers plus expérimentés. L'année suivante, il a marqué 31 buts, suivis d'une autre saison de 30 buts. Puis la saison dernière, il a mené son équipe avec huit buts victorieux et 14 buts en supériorité numérique. Il a terminé la saison avec 45 buts et 94 points, deux sommets chez les Devils. Dans les deux cas, il a flirté avec les marques d'équipe. Il a failli devenir le premier joueur des Devils à marquer 50 buts et à récolter 100 points en une saison. Les buts de Zach ne se retrouvent peut-être pas dans les jeux de la semaine, mais ils démontrent clairement que travailler fort rapporte des dividendes.

SOUVENIR

Le père de Zach, Jean-Paul Parise, a porté l'uniforme de cinq équipes différentes en 13 saisons dans la LNH. Ceux qui se souviennent de lui affirment que le style de jeu de Zach ressemble à celui de son père.

LE SAVAIS-TU?

Zach a disputé son premier match dans la LNH le même soir où Sidney Crosby a débuté dans la LNH avec les Penguins de Pittsburgh. Sid the Kid a été tenu en échec ce soir-là, mais Zach a trouvé le fond du filet à son tout premier tir au but.

STATISTIQUES 2008-2009

MJ	B	A	PTS	PUN
82	45	49	94	24

Premier choix des Devils du New Jersey, 17ᵉ au total, au repêchage amateur de la LNH de 2003

Première équipe de la LNH et saison : Devils du New Jersey, 2005-2006

Né le 28 juillet 1984 à Minneapolis (Minnesota)

Position : ailier gauche

Tir : de la gauche

Taille : 1,80 m

Poids : 86 kg

MARC SAVARD

Si on se base uniquement sur les statistiques, on pourrait croire que Marc Savard, des Bruins, a perdu quelque peu sa touche à l'attaque au cours des dernières saisons. En 2005-2006 et en 2006-2007, Marc a frôlé la marque de 100 points avec des saisons respectives de 97 et 96 points. Sa performance des deux dernières saisons a été légèrement inférieure à ces deux grosses saisons avec 78 points en 2007-2008 et 88 la saison dernière. Mais il est bien connu que les statistiques offensives ne disent pas toute la vérité. Marc a sensiblement amélioré l'aspect défensif de son jeu au cours des dernières saisons. Jette un coup d'œil sur son ratio des plus et des moins. En 2005-2006, il était de − 19, mais la saison dernière, il était de + 25.

> **« Non seulement faut-il être capable de dire des choses, encore faut-il être en mesure de passer aux actes. »**
> **— L'opinion de Marc sur les qualités d'un bon leader**

« À mon arrivée ici, Claude Julien, l'entraîneur des Bruins, m'a aidé à améliorer cet aspect de mon jeu, raconte Marc. Je comprends mieux quel est mon rôle dans notre territoire et dans celui de l'adversaire. Je trouve que je joue mieux qu'auparavant lorsque je ne suis pas en possession de la rondelle. »

Il ne faut pas s'imaginer que Marc a négligé l'aspect offensif au profit de responsabilités accrues en défense. Il demeure le joueur offensif le plus redoutable des Bruins et l'un des meilleurs de la ligue.

Marc a été le meilleur compteur des Bruins au cours des trois dernières saisons. Il était aussi l'un des meilleurs joueurs offensifs pendant les séries éliminatoires de la saison dernière, particulièrement lors de la victoire contre Montréal où il a récolté quatre points en un match.

« J'ai remarqué que Marc patine davantage que par le passé et qu'il s'intègre plus aux jeux aux deux extrémités de la patinoire », souligne Claude Julien.

Marc est devenu un joueur plus complet que par le passé. Il marque peut-être un peu moins de buts et récolte moins de points, mais dans l'ensemble, il contribue à l'amélioration du jeu défensif de l'équipe.

SOUVENIR

Marc n'oubliera jamais son premier match des séries de la Coupe Stanley, en 2008, entre les Bruins et le Canadien de Montréal. Il avait dû patienter pendant 10 saisons (659 matchs) avant d'avoir enfin l'occasion de savourer les séries d'après-saison.

LE SAVAIS-TU?

Marc est un mordu de golf et il aimerait jouer sur le Circuit de la PGA à la fin de sa carrière. En 2005, il en a eu un avant-goût lorsqu'il a servi de cadet à Stewart Cink, un ami et un vétéran de la PGA.

STATISTIQUES 2008-2009

MJ	B	A	PTS	PUN
82	25	63	88	70

Troisième choix des Rangers de New York, 91e au total, au repêchage amateur de la LNH de 1995

Première équipe de la LNH et saison : Rangers de New York, 1997-1998

Né le 17 juillet 1977 à Ottawa (Ontario)

Position : joueur de centre

Tir : de la gauche

Taille : 1,78 m

Poids : 87 kg

SHELDON SOURAY

Les Oilers d'Edmonton ne pouvaient pas mieux tomber lorsqu'ils ont mis sous contrat le joueur autonome Sheldon Souray en juillet 2007. Sheldon venait de sortir de sa coquille avec une saison de 64 points avec le Canadien de Montréal. Pour Sheldon, c'était en quelque sorte un retour aux sources, lui qui avait vu le jour à Elk Point, en Alberta. Le jeune Sheldon était un fervent partisan des grandes équipes des Oilers des années 1980. Son père lui a d'ailleurs acheté une casquette qui représente pour lui un souvenir inoubliable.

« Lorsque les Oilers ont manifesté de l'intérêt, la décision a été facile à prendre, déclare Sheldon à propos de sa mise sous contrat. Le cœur y était. J'étais excité à l'idée de revêtir l'uniforme des Oilers. »

> « Ce n'est pas facile. Son geste est tellement naturel. Même si tu sais qu'il va tirer et que tu penses voir venir la rondelle, *bang!* elle est derrière toi. »
> — Le gardien de but Miikka Kiprusoff, des Flames, à propos du tir de Sheldon

Toutefois, Sheldon a subi une blessure à une épaule en octobre qui a nécessité une intervention chirurgicale et mis un terme à sa saison en février. La première saison de Sheldon avec les Oilers s'est résumée à seulement trois buts et sept aides pour dix points, bien en deçà de ce que Sheldon et les Oilers avaient espéré.

« Malheureusement, les partisans n'ont pas eu la chance de me voir jouer souvent, car j'ai passé presque tout mon temps en salle de conditionnement », se rappelle Sheldon.

Déterminé à démontrer aux partisans et à ses coéquipiers que les Oilers avaient eu raison de lui verser 27 millions de dollars pour cinq ans, le vétéran défenseur est revenu en force la saison dernière. Ses 23 buts et 30 aides pour 53 points lui ont permis de reprendre sa place parmi les meilleurs défenseurs de la LNH.

Exclus des séries éliminatoires la saison dernière, les Oilers feront l'impossible pour y accéder la saison prochaine. Sheldon souhaite aider l'équipe favorite de son enfance à gagner.

SOUVENIR

Sheldon se souvient de la casquette qu'il chérissait tant dans sa jeunesse. Elle portait l'autographe de la supervedette Jari Kurri. « Personne d'autre ne pouvait y toucher », dit-il en souriant.

LE SAVAIS-TU?

Durant le concours d'habiletés du match des Étoiles, la saison dernière, Sheldon a décoché un tir chronométré à 171,7 km/heure. Il s'agit d'un record non officiel.

STATISTIQUES 2008-2009

MJ	B	A	PTS	PUN
81	23	30	53	98

Troisième choix des Devils du New Jersey, 71ᵉ au total, au repêchage amateur de la LNH de 1994

Première équipe de la LNH et saison : Devils du New Jersey, 1997-1998

Né le 13 juillet 1976 à Elk Point (Alberta)

Position : défenseur

Tir : de la gauche

Taille : 1,93 m

Poids : 106 kg

MARK STREIT

En 1999, Mark Streit a quitté sa Suisse natale dans l'espoir d'évoluer un jour dans la LNH. Il est parvenu à obtenir un poste avec les Grizzlies de l'Utah, de la ligue East Coast – pas tout à fait l'objectif visé. Puis il a terminé la saison avec les Indians de Springfield de la Ligue américaine, mais la saison suivante, il a décidé de retourner en Suisse.

Mark n'a jamais abandonné. Il a perfectionné son jeu au point d'attirer l'attention du Canadien de Montréal. Le Canadien en a fait un choix tardif (le 262e au total) au repêchage amateur de 2004. À 26 ans, il devenait l'un des joueurs les plus âgés jamais réclamé par une équipe de la LNH et pouvait, du même coup, garder espoir.

> « Il s'est réellement imposé cette année, non seulement comme l'un des meilleurs défenseurs, mais aussi comme un défenseur complet. Il a été fiable en défense tout en affrontant les deux meilleurs trios de l'adversaire et en jouant en désavantage numérique. »
> — Scott Gordon, entraîneur-chef des Islanders

Quelques saisons plus tard, Mark a fait son début dans la LNH à 28 ans, un âge plutôt avancé selon les critères actuels du hockey professionnel. En 2007-2008, Mark s'est réellement démarqué en menant les défenseurs du Canadien avec 62 points; sa meilleure saison.

« J'ai mis un peu de temps à y parvenir et je dois remercier le Canadien pour sa patience et pour m'avoir donné l'occasion de m'améliorer, déclare Mark. J'ai progressé d'une année à l'autre et j'ai pris de l'assurance. »

À la surprise générale, le Canadien n'a pas retenu les services de Mark après sa saison fructueuse. Il est devenu joueur autonome sans compensation et a signé une entente de cinq ans avec les Islanders de New York. Une décision discutable pour le Canadien, mais un coup de maître pour les Islanders.

Lorsque Mark est revenu à Montréal pour le match des Étoiles de la LNH la saison dernière, il était fier.

« Ce fut un honneur incroyable, dit-il. Pas seulement pour moi, mais pour le hockey suisse. »

Dans le cas de Mark, il s'agit davantage de travail que de chance.

SOUVENIR

Mark est un habitué de l'équipe nationale de la Suisse. Il a représenté son pays aux onze derniers Championnats mondiaux ainsi qu'aux Jeux olympiques de 2002 et de 2006. Il était capitaine de l'équipe qui a atteint les quarts de finale aux Jeux de Turin en 2006 et surpris la République tchèque et le Canada en ronde préliminaire.

LE SAVAIS-TU?

Lorsqu'il a signé avec les Islanders, Mark est devenu le deuxième athlète professionnel suisse le mieux rémunéré, après la grande vedette du tennis, Roger Federer.

STATISTIQUES 2008-2009

MJ	B	A	PTS	PUN
74	16	40	56	62

Huitième choix du Canadien de Montréal, 262e au total, au repêchage amateur de la LNH de 2004

Première équipe de la LNH et saison : Canadien de Montréal, 2005-2006

Né le 11 décembre 1977 à Englisberg (Suisse)

Position : défenseur

Tir : de la gauche

Taille : 1,83 m

Poids : 89 kg

JOE THORNTON

Il est impossible de ne pas aimer un joueur comme Joe Thornton. Même si tu n'es pas un partisan des Sharks de San Jose, et même si Joe joue bien contre ton équipe préférée, tu ne peux t'empêcher de respecter sa formidable éthique de travail. Fatigué et même blessé à l'occasion, il est toujours au poste et prêt à offrir sa meilleure performance.

« Tu te réveilles un matin, tout courbaturé, et tu ne te sens pas bien, raconte Joe. Mais tu prends quand même le chemin de l'aréna, tu t'échauffes et tu reçois les traitements du soigneur. En connaissant bien ton corps, tu es en mesure d'éviter que les choses s'aggravent. »

Joe n'a raté aucun match en saison régulière depuis qu'il a été échangé aux Sharks, le 30 novembre 2005. Il entreprendra la saison 2009-2010 sur une séquence de 304 matchs consécutifs. Et ce qui est étonnant dans le cas de Joe, c'est qu'il préconise un style de jeu robuste – il encaisse autant de coups qu'il en donne.

> « Il n'a pas son égal pour faire des passes. Il trouve toujours le moyen de diriger la rondelle sur la lame de ton bâton. J'ai marqué mes deux premiers buts dans la LNH sur de belles passes de Joe en provenance de l'arrière du filet. »
> — Son coéquipier Devin Setoguchi

Joe prend grand soin de sa condition physique et est conscient de la moindre douleur. Mais c'est sa passion pour ce sport qui l'aide à poursuivre son exploit.

« Pour Joe, le hockey n'est pas seulement un travail, c'est un véritable plaisir », souligne l'entraîneur des Sharks, Todd McLellan.

Joe aura beaucoup à faire cette saison. En plus de vouloir maintenir les Sharks au sommet de l'Association de l'Ouest, il tentera de procurer au Canada la médaille d'or aux Jeux olympiques de Vancouver.

Tu peux être certain de deux choses : Joe fera l'impossible pour être présent à tous les matchs et il donnera tout ce qu'il a à chacune de ses apparitions sur la glace. Il ne connaît aucune autre façon de jouer.

SOUVENIR

Les plus vieux souvenirs de Joe remontent à l'époque où il jouait au hockey avec son père et ses frères sur la patinoire aménagée dans la cour arrière de la maison familiale. Il dit aussi qu'un des plus grands plaisirs à St. Thomas, en Ontario, était de pouvoir jouer sur des patinoires extérieures.

LE SAVAIS-TU?

Joe a joué sous l'aile de plusieurs bons entraîneurs depuis le début de sa carrière, mais il affirme que l'entraîneur Mike Keenan de Boston est celui qui a le plus contribué à son perfectionnement.

STATISTIQUES 2008-2009

MJ	B	A	PTS	PUN
82	25	61	86	56

Premier choix des Bruins de Boston, 1er au total, au repêchage amateur de la LNH de 1997

Première équipe de la LNH et saison : Bruins de Boston, 1997-1998

Né le 2 juillet 1979 à London (Ontario)

Position : joueur de centre

Tir : de la gauche

Taille : 1,93 m

Poids : 107 kg

JONATHAN TOEWS

Il faut que tu sois un joueur très spécial pour être nommé capitaine de ton équipe à l'âge de 20 ans. Un tel honneur est habituellement réservé à un joueur qui a quelques années d'expérience. Avant le début de la dernière saison, les Blackhawks ont fait de Jonathan leur 34e capitaine et le troisième parmi les plus jeunes de l'histoire de la LNH.

« Pourquoi Jonathan est-il le capitaine? demande l'entraîneur-chef Joel Quenneville. Parce qu'il est une personne spéciale et un joueur spécial. »

En faisant de Jonathan le troisième choix au total au repêchage amateur de 2006, les dépisteurs des Blackhawks souhaitaient qu'il devienne un joueur de concession pour une équipe désespérément en mal de réussite. L'effervescence des séries éliminatoires était devenue de l'histoire ancienne aux yeux des amateurs de hockey de Chicago.

> « Je pense qu'un bon leader ne doit pas craindre de s'imposer. Il ne doit pas rester dans son coin. Lorsque certaines choses doivent être dites, il doit se lever et exprimer son opinion. »

Jonathan a vite capté l'attention des gens en marquant à son tout premier match dans la LNH. Il a bouclé sa première saison avec 24 buts et 30 aides pour 54 points et a fini deuxième derrière son coéquipier Patrick Kane au scrutin pour le trophée Calder (recrue par excellence). Il a poursuivi la saison dernière avec 34 buts et 35 aides pour 69 points et a permis aux Blackhawks d'accéder aux séries éliminatoires pour la première fois depuis 2002.

Nombreux sont ceux qui attribuent à Jonathan le regain de popularité du hockey à Chicago. Les gradins sont de nouveau remplis et les gens ont recommencé à parler des Blackhawks surtout après leur arrivée en finale de l'Association de l'Ouest en mai dernier.

« Tu ne peux pas t'imaginer comme c'est agréable pour nous de marcher dans la rue ou d'aller au restaurant et d'entendre les gens parler des Hawks », déclare Jonathan.

Pour la première fois depuis longtemps, les Blackhawks semblent être sur la bonne voie.

SOUVENIR

Jonathan se rappelle avoir joué de nombreuses parties impromptues sur la patinoire familiale dans la cour arrière à Winnipeg, au Manitoba. Il a beaucoup joué avec son frère cadet, David, qui a été repêché par les Islanders en 2008.

LE SAVAIS-TU?

Le vétéran Shane Doan, des Coyotes de Phoenix, a prodigué de précieux conseils à Jonathan avant son début dans la LNH. Tous deux étaient coéquipiers au sein d'Équipe Canada au Championnat mondial de hockey de 2007.

STATISTIQUES 2008-2009

MJ	B	A	PTS	PUN
82	34	35	69	51

Premier choix des Blackhawks de Chicago, 3e au total, au repêchage amateur de la LNH de 2006

Première équipe de la LNH et saison : Blackhawks de Chicago, 2007-2008

Né le 29 avril 1988 à Winnipeg (Manitoba)

Position : joueur de centre

Tir : de la gauche

Taille : 1,88 m

Poids : 96 kg

SIGNAUX DE L'ARBITRE

Sais-tu ce qui se passe lorsque l'arbitre arrête le jeu ou annonce une punition? Si tu ne le sais pas, tu manques une partie importante du match.

L'arbitre peut infliger des punitions plus ou moins sévères. Un joueur peut, par exemple, écoper d'une pénalité de deux minutes, mettant ainsi son équipe en désavantage numérique. Il peut même être chassé du match.

Voici quelques-uns des signaux les plus utilisés par l'arbitre. Maintenant, tu sauras quelles sont les punitions infligées à ton équipe!

Charge contre la bande
Violente mise en échec d'un adversaire contre la bande.

Assaut
Violente mise en échec d'un adversaire en fonçant sur lui.

Double échec
Frapper un adversaire avec le bâton tenu des deux mains, les bras étendus.

Coup de coude
Charger un adversaire avec le coude.

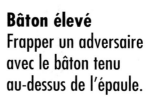

Bâton élevé
Frapper un adversaire avec le bâton tenu au-dessus de l'épaule.

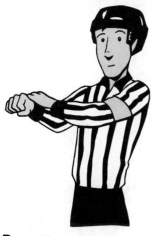

Retenue
Retenir un adversaire avec les mains ou les bras.

Accrochage
Utiliser la lame du bâton pour retenir un adversaire.

Dégagement refusé
Envoyer la rondelle de son propre territoire jusque derrière la ligne de but du territoire adverse. Ne s'applique que si un adversaire touche la rondelle le premier.

Obstruction
Retenir un adversaire qui n'est pas en possession de la rondelle.

Coup de genou
Se servir du genou pour retenir un adversaire.

Inconduite
Pénalité de 10 minutes (durée la plus longue). Habituellement en raison d'une conduite abusive envers un officiel.

Rudesse
Bousculer ou frapper un adversaire.

SIGNAUX DE L'ARBITRE

Cinglage
Se servir du bâton pour frapper un adversaire.

Dardage
Donner un coup à un adversaire avec la lame du bâton.

Arrêt de jeu retardé
L'officiel attend avant de donner un coup de sifflet en cas de hors-jeu ou de pénalité. Se produit lorsque l'équipe adverse est en possession de la rondelle.

Faire trébucher
Faire trébucher un adversaire avec le bâton, la main ou le pied.

Conduite antisportive
Agir de façon antisportive envers un adversaire (en le mordant ou en lui tirant les cheveux, par exemple).

But refusé
Le but qui vient d'être marqué est refusé.

CLASSEMENT FINAL 2008-2009

ASSOCIATION DE L'EST

Division Atlantique

Équipe	MJ	MG	MP	P	PTS
NEW JERSEY	82	51	27	4	106
PITTSBURGH	82	45	28	9	99
PHILADELPHIE	82	44	27	11	99
RANGERS DE N.Y.	82	43	30	9	95
ISLANDERS DE N.Y.	82	26	47	9	61

Division Nord-Est

Équipe	MJ	MG	MP	P	PTS
BOSTON	82	53	19	10	116
MONTRÉAL	82	41	30	11	93
BUFFALO	82	41	32	9	91
OTTAWA	82	36	35	11	83
TORONTO	82	34	35	13	81

Division Sud-Est

Équipe	MJ	MG	MP	P	PTS
WASHINGTON	82	50	24	8	108
CAROLINE	82	45	30	7	97
FLORIDE	82	41	30	11	93
ATLANTA	82	35	41	6	76
TAMPA BAY	82	24	40	18	66

ASSOCIATION DE L'OUEST

Division Centre

Équipe	MJ	MG	MP	P	PTS
DETROIT	82	51	21	10	112
CHICAGO	82	46	24	12	104
ST-LOUIS	82	41	31	10	92
COLUMBUS	82	41	31	10	92
NASHVILLE	82	40	34	8	88

Division Nord-Ouest

Équipe	MJ	MG	MP	P	PTS
VANCOUVER	82	45	27	10	100
CALGARY	82	46	30	6	98
MINNESOTA	82	40	33	9	89
EDMONTON	82	38	35	9	85
COLORADO	82	32	45	5	69

Division Pacifique

Équipe	MJ	MG	MP	P	PTS
SAN JOSE	82	53	18	11	117
ANAHEIM	82	42	33	7	91
DALLAS	82	36	35	11	83
PHOENIX	82	36	39	7	79
LOS ANGELES	82	34	37	11	79

MJ = matchs joués; MG = matchs gagnés; MP = matchs perdus; P= prolongation; PTS = points

Les 10 premiers, pour les points 2008-2009

	JOUEUR	ÉQUIPE	MJ	B	A	PTS	T	%
1	EVGENI MALKIN	PITTSBURGH	82	35	78	113	290	12,1
2	ALEX OVECHKIN	WASHINGTON	79	56	54	110	528	10,6
3	SIDNEY CROSBY	PITTSBURGH	77	33	70	103	238	13,9
4	PAVEL DATSYUK	DETROIT	81	32	65	97	248	12,9
5	ZACH PARISE	NEW JERSEY	82	45	49	94	364	12,4
6	ILYA KOVALCHUK	ATLANTA	79	43	48	91	275	15,6
7	RYAN GETZLAF	ANAHEIM	81	25	66	91	227	11,0
8	JAROME IGINLA	CALGARY	82	35	54	89	289	12,1
9	MARC SAVARD	BOSTON	82	25	63	88	213	11,7
10	NIKLAS BACKSTROM	WASHINGTON	82	22	66	88	174	12,6

MJ = matchs joués; B = buts; A = aides;
PTS = points; T = tirs; % = moyenne

Les 10 premiers gardiens de but 2008-2009

	JOUEUR	ÉQUIPE	MJ	MG	MP	DPF	% A	BA	MBA
1	MIIKKA KIPRUSOFF	CALGARY	76	45	24	5	0,903	209	2,84
2	EVGENI NABOKOV	SAN JOSE	62	41	12	8	0,910	150	2,44
3	CAM WARD	CAROLINE	68	39	23	5	0,916	160	2,44
4	HENRIK LUNDQVIST	RANGERS DE N.Y.	70	38	25	7	0,916	168	2,43
5	NIKLAS BACKSTROM	MINNESOTA	71	37	24	8	0,923	159	2,33
6	TIM THOMAS	BOSTON	54	36	11	7	0,933	114	2,10
7	MARC-ANDRÉ FLEURY	PITTSBURGH	62	35	18	7	0,912	162	2,67
8	RYAN MILLER	BUFFALO	59	34	18	6	0,918	145	2,53
9	STEVE MASON	COLUMBUS	61	33	20	7	0,916	140	2,29
10	ROBERTO LUONGO	VANCOUVER	54	33	13	7	0,920	124	2,34

MJ = matchs joués; MG = matchs gagnés; MP = matchs perdus;
DPF = défaite en prolongation ou fusillade; % A = pourcentage d'arrêts; BA = buts accordés;
MBA = moyenne de buts accordés

STATISTIQUES À LA FIN DE LA SAISON

OBJECTIF : LA COUPE — 2009-2010

ASSOCIATION DE L'EST

FINALE DE LA COUPE

DEMI-FINALES

QUARTS DE FINALE

PREMIER TOUR DES SÉRIES

L'ÉQUIPE CHAMPIONNE

ASSOCIATION DE L'OUEST

DEMI-FINALES

**QUARTS
DE FINALE**

**PREMIER TOUR
DES SÉRIES**

TROPHÉES DE LA LNH

Voici les prix les plus importants décernés aux joueurs de la LNH. Indique ton choix de joueur pour chaque trophée, puis le nom du gagnant.

TROPHÉE HART

Décerné par l'Association des chroniqueurs de hockey au joueur jugé le plus utile à son équipe.

Le gagnant 2009 : **Alexander Ovechkin**

Ton choix 2010 : _____

Le gagnant : _____

TROPHÉE ART ROSS

Décerné au champion des marqueurs à la fin de la saison régulière.

Le gagnant 2009 : **Evgeni Malkin**

Ton choix 2010 : _____

Le gagnant : _____

TROPHÉE CALDER

Décerné par l'Association des chroniqueurs de hockey à la meilleure recrue de l'année.

Le gagnant 2009 : **Steve Mason**

Ton choix 2010 : _____

Le gagnant : _____

TROPHÉE JAMES NORRIS

Décerné par l'Association des chroniqueurs de hockey au joueur de défense qui a démontré la plus grande efficacité durant la saison.

Le gagnant 2009 : **Zdeno Chara**

Ton choix 2010 : _____

Le gagnant : _____

TROPHÉE VÉZINA

Décerné au meilleur gardien de but par les directeurs généraux de la LNH.

Le gagnant 2009 : **Tim Thomas**

Ton choix 2010 : _____

Le gagnant : _____

TROPHÉE MAURICE RICHARD

Décerné au joueur qui a marqué le plus de buts en saison régulière.

Les gagnants 2009 : **Alexander Ovechkin**

Ton choix 2010 : _____

Le gagnant : _____

TROPHÉE WILLIAM M. JENNINGS

Décerné aux gardiens de but ayant participé à au moins 25 matchs durant la saison, au sein de l'équipe ayant la plus basse moyenne de buts accordés.

Le gagnant 2009 : **Tim Thomas et Manny Fernandez**

Ton choix 2010 : _____

Le gagnant : _____

TROPHÉE LADY BYNG

Décerné par l'Association des chroniqueurs de hockey au joueur qui a démontré le meilleur esprit sportif ainsi qu'une grande habileté.

Le gagnant 2009 : **Pavel Datsyuk**

Ton choix 2010 : _____

Le gagnant : _____

TROPHÉE FRANK J. SELKE

Décerné par l'Association des chroniqueurs de hockey au joueur d'avant qui a démontré le plus haut degré d'excellence dans l'aspect défensif du jeu.

Le gagnant 2009 : **Pavel Datsyuk**

Ton choix 2010 : _____

Le gagnant : _____

TROPHÉE CONN SMYTHE

Décerné par l'Association des chroniqueurs de hockey au joueur le plus utile à son club durant les éliminatoires de la Coupe Stanley.

Le gagnant 2009 : **Evgeni Malkin**

Ton choix 2010 : _____

Le gagnant : _____

TROPHÉE BILL MASTERSON

Décerné par l'Association des chroniqueurs de hockey au joueur qui a démontré le plus de persévérance, d'esprit sportif et de dévouement pour le hockey.

Le gagnant 2009 : **Steve Sullivan**

Ton choix 2010 : _____

Le gagnant : _____

À la mémoire de l'ancien joueur de la LNH, Peter
Zezel. Peter figurait dans *Le hockey Ses supervedettes
1992-1993* et il manquera à tous ceux qui le
connaissaient et l'ont vu jouer au hockey, un sport
qu'il adorait... Qu'il repose en paix.
— P.R.

Illustrations de Bill Dickson

Références photographiques :
Backstrom: © Richard Wolowicz/Getty Images
Brodeur: © Jim McIsaac/Getty Images
Boyle, Carter, Lidstrom: © Dave Reginek/ NHLI via Getty Images
Crosby: © Gregory Shamus/ NHLI via Getty Images
Iginla: © Dale MacMillan/Getty Images
Kiprusoff: © Gerry Thomas/ NHLI via Getty Images
Kovalev: © Bruce Bennett/Getty Images
Malkin: © Eliot J. Schechter/ NHLI via Getty Images
Ovechkin: © Gregg Forwerck/ NHLI via Getty Images
Parise: © Graig Abel/ NHLI via Getty Images
Savard: Steve Babineau/ NHLI via Getty Images
Souray: © Noah Graham / NHLI via Getty Images
Streit: © Mike Stobe/ NHLI via Getty Images
Thornton: © Dale MacMillan/Getty Images
Toews: © Bill Smith/ NHLI via Getty Images

ISBN-13 978-0-545-98538-3
ISBN-10 0-545-98538-2

Titre original : *Hockey Superstars 2009-2010*

Édition publiée par les Éditions Scholastic, 604, rue King Ouest,
Toronto (Ontario) M5V 1E1 CANADA.

6 5 4 3 2 1   Imprimé au Canada   09 10 11 12 13 14